Martin Tockner

land.einwärts

Gedichte

MT

frag nicht
wo ich war

unterwegs
im regen

und in mir

Martin Tockner

land.einwärts

Gedichte

ISBN 9783751903981

Autor & Copyright: © Martin Tockner
www.tockner.at
1.Auflage 2020

Bibliografische Information der Deutschen Nationalbibliothek:
Die Deutsche Nationalbibliothek verzeichnet diese Publikation in der Deutschen Nationalbibliografie. Detaillierte bibliografische Daten sind im Internet über http://dnb.dnb.de abrufbar.

Herstellung und Verlag: BoD – Books on Demand, Norderstedt, 2020
www.bod.de

Dieses Buch ist auch als E-Book erschienen.

Für
Karina Manfredsdóttir
Holdemeine

haiku 31

zart im wind wogt gras
wiegt der herbstmond dein gesicht
heil mir in den schlaf

kerben in wörter schnitzen

zur falschen zeit

es wäre schön
dir zu sagen

sprich mit mir
aber versprich nichts
in den wenigen stunden
die uns finden

hör mir zu
meiner wortlosigkeit
den mühsamen sätzen

halt inne
und lass dich ansehen
als geschähe es
zum ersten mal

berühre mich
geh und nimm mich mit
verlier mich und bleib

es wäre schön
dir zu sagen

so könnte es gehen
- jetzt
zur falschen zeit

leben hieß

dieses stolze schreiten
im nusskernkleinen kreis
gras lugte aus den fugen
grün im kopfsteinpflaster
wo wurzelwerk den teer
zerbarst beim frachtenbahnhof
weiße wände neu getüncht noch
unentdeckt und unbeschrieben

leben hieß warten
für uns winterkinder
hieß schwere schuhe
blaue lippen mund halten
ringe unter den augen fort-
gewischt von flacher vaterhand
und tiefer eingegraben noch
hieß selten liebe die uns dann
und wann berührungslos durch
und durch die finger lief und weiter
ein schmerz der nicht zählte

später in gedichten war die rede
vom wasser das aufwärts floss
der selbstverbrennung der gedanken
leben war vertan abseits sehn uns
die stunden stehn erkaltet wie stein
hügelland gewitter wolken am oberlauf
in der letzten strophe birken etwas licht
abend nacht und morgens tote tiere
tage wochen mit regen schnee
unendlich schnee

nach/t/gedanke

der mond machte uns lachen
und lachend uns im blindflug
den halben himmel hoch
für farben reichte es nicht
wir hatten keinen blick dafür

am ufer ankern die wellen
wo wir saßen kopflose herzen
wo der krug die münder kreisten
an den planken wuchsen die wellen
und sind ein bogen knitterpapier
beidseitig eng beschrieben
sie glätten sich nicht wieder

ohne jahreszahl jeder
schläft für sich jeder allein
versinkt das umland später
in den laken aus schnee
bis es zag erstickt
im traum von wind in den weiden
brechen knospen und blicke
stundet der eisfall der zeit
uns eine minute erinnerung

blumenwiesen blutrot
herzblut kobaltblau
und kalt die nacht
so kalt der morgen

winter.ende

späte sterne morgenglocken
das milde weiß der frühen birken
lässt im tanz der letzten flocken
auroras vielgestalt wie seide wirken

ihr lichter glitzer trifft mich kalt
der erste blick macht hoffen
meine zagen hände suchen halt
sie finden dein haar offen

du aber, wen hast du?

mürbe die stille schattig seltsam lau
im jähen ungnadentakt der uhr
fort hinfort im blanken rabenblau
verblasst im wind deine kontur

später die erinnerung ein schimmer
liebe – unsere zweite meine dritte luft
kein handschlag gilt für immer
mir bleiben augenleere knospenduft

mehr nicht
marginalie V

am ufer des mühlteichs sitzen
dem fernweh trauen dem tau
der nachtblauen dämmerung

späte heimkehr vom feld
ins dunkel das keinen kennt
die müden nicht unterscheidet

zufrieden sein
dass es so kam

mehr nicht

heimat.los
marginalie VI

gegenlicht im dornigen tau
auf-/abwinde buchstabenecho
von ferne klirrender luftzug
kantig am kühlen brückenstahl

dünne schwarzperlenschnur
zugvögel nordwärts treibgut
fliegen tief flattern fort turm-
hoch vogelherz in formation

rauch das auge irritierend
gezogen getrieben gedacht
deckt alles in sichtweite zu
anders die zeiten: vorbei

immer ist herbst
immer die nacht
aus unbekannter richtung
und dorthin zurück

kaddisch

du windest dich
hölzern noch und jung
aus deiner geschichte
unschärfe umtanzt dein gesicht
dunkle strähnen stoßen in die stirn

dein tod: ein bersten
er bricht die erde auf
er facht das feuer an
zersprungen glänzt das siegel
der unsterblichkeit ein skarabäus
blinkend und blau in der nacht

er hebt dich hoch aus feuchter erde
er rollt dich fort aus silberner asche
hinter den dornbusch die ziselierte zeit

der sommerschnee trug trauerflor
und blutrot träufelt der tag er rinnt
in schneisen aus horizontenem rahmen

ich würge an der wahrheit: fort
fortan allein: zehrt mich die zukunft auf

indes

die felder liegen grün in furchen
von ferne branden birkenwälder
tanzt staub sirrt silbern mittagslicht
wie weit wir gehen das sagst du nicht

des ascheblicks vom wegrand müde
lehne ich mich an deinen schatten
das engmaschige wispern der stille
scheitelt uns das windverwirbelte haar

dem zagen kuss in deinen nacken
bietest du stumm eine kühle stirn
landauswärts streut ein hauch aus west
indes eine handvoll sand auf flache spur

wer ging was blieb zwei namen nur
beizeiten ins blau des weihers geritzt
ferne blicke letzte silben spiegelblind
leiser als eine zeile von zittriger hand

übermalt

es lebt sich staunend leicht mit dir
zur stunde der wortkargen holzfäller
so sachte verhakt in den jahresringen
dem restlicht meiner dunklen gedanken
im glockenhellen hall deines lachens

der schorf deiner schönschrift funkelt fein
aus dem kopf sage ich form inhalt farbe her
das blatt raschelt es wölbt sich im wind
kalt geflämmt zu flugasche verschwelt

erste schneewirbel hinterrücks schatten-
gleich glück ein knospender winterdunst
der im nu wälderweiß in die zukunft sinkt

keiner stößt das pendel an keine klopf-
zeichen auf den herbstwassern nichts

übermalt liegt das dorf liegen wir

wind.ernte

es knistern die felder
summender landstrich
im ausdünnenden licht

windgekämmt wirbeln indes
die gefährten sie schweben:
ein korn staub ein korn hafer

sommergesten gestern noch groß
heute sinkt stille gespiegelt
auf den weiher am wald

bunte blätterschauer funkeln
dein haar die haut entlang
sekundenschlaf: erinnerung

erste kälte dauerschatten
nehmen uns bald schon
jahresringe die letzte luft

das schartig gefaltete glück
ist windnah nicht fassbar
nicht als einzelnes wort

uns bleiben der aufbruch
blick und gegenblick
die zeit erfindet sich neu

übers jahr
4 haikus

I
windhauch lind aus ost
augenblaues frühlicht trägt
deinen schritt mir zu

II
herz an herz treiben
wir wach durch abend-/morgenrot
zeit. wir haben zeit

III
schaler wortschwall schall
kühler regen später schnee
sinken zwischen uns

IV
landstrich raureifstill
im eis mäandert das jahr
augenblau ins nichts

aufschauen

8 haikus

I

wir queren den wind
später fällt fadenregen
ins herbstblumenblau

II

der regen meint uns
mit hohler hand schöpft er trost
mondhoch sternenfern

III

über den baumkronen
ruft ein rabe er fliegt fort
richtung dunkelheit

IV

liebe lust ein schmerz
jeder atmet nur für sich
nachbild: sterblichkeit

V

stillstille herzen
stimmlos malt beide die nacht
als schattenrisse

VI

weiden neigen sich
die felder blank gefroren
noch schneit es nicht laut

VII
da sind geschichten
in rufweite zwei namen
sag, bist du bereit?

VIII
einmal noch schauen
die aufbewahrten tage
aufschauen zur zeit

~ ~ ~

fremd

deine augen

nachdunkelnd
im frühlicht

~ ~ ~

es endet

das herz so taub und schwarz
wird es so still und schwer

wenn der wind aus west
die welken blätter wendet
verlieren sich die spuren dort
wo spät die nacht ankert

wir sind alles : *schatten schwur*
zwei stimmen : was nicht länger ist
die überschwemmten augen liegen
tief sie finden einander offen

dein gesicht wie kreide weiß
hat mir hart die hand geformt
wirft mich zurück ins andere leben
leise knirschen meine kurzen schritte

wenige blicke lang warst du beinahe
meine ewigkeit - doch von vorn -
es gibt noch: den herbst ein memento
wasser brot und sterne weißen rauch

später in der kälte der alles
und alle zermürbenden kälte:
fremdheit fernweh frost
so nah so stark so still

herz und haut
3 haikus

I
rotdorns dornenrot
ein wolkenband aus kupfer
die regie des lichts

II
ein sturz ein fallen
herz und haut nicht auf der hut
kein gegenzauber

III
die zeit sinkt ins nichts
lustgeschmiedet liegt die luft
durst: nach dir nach mehr

vorüber vorbei

vor schwarzen fassaden
vereinnahmt vom glück
trümmer windtiraden
alles fällt in sich zurück

die absicht: wort um wort
verbrennen nicht mehr schreiben
dieses hier und da und jenes dort
notizen namen nichts soll bleiben

die zeit: entgrenzt zerfetzt
trauergebärden fahle stücke
irrlichter sanduhraugenblicke
der tod die ewigkeit beginnen jetzt

~ ~ ~

nachschau
haiku

keine diele knarrt
ungepflügt steht der acker
das tor halb offen

~ ~ ~

besiegelt
5 haikus

I
im ährensommer
knistern die birken im licht
leichter wind kommt auf

II
besiegelt mit harz
liliengleich zwei herzen
zwei namen im holz

III
am leben: ich, du
leicht geht alles seinen gang
der turmfalke kreist

IV
wir richten uns ein
aus fels wird kies später sand
im fluss der jahre

V
wir werfen schatten
hand in hand kostbar und wahr
der augenblick zählt

flügelschlag
ein abschied in 6 haikus

I
morgenhimmel blass
an den händen des schäfers
ein farbtupfer blut

II
schwer so schwerelos
neide die letzte ruhe
ich allem toten

III
regen im gesicht
er fällt spät du gingst zu bald
regen allerorts

IV
mein herz schweigt es kommt
bis an die lippengrenze
weiter nicht nie mehr

V
stille auf der stirn
stühle hochgestellt und niemals
ein flügelschlag glück

VI
was geschieht es kommt
ein moment der ablenkung
bald trägt mich das eis

des nachts

du gehst des nachts
mein ebenbild so fremd
durch mich geduckt hindurch

ich traue nicht deinem schmerz
melancholie und blauer blässe
dem wilden wirbel im glatten haar

wohin bringst du dich des nachts

die sonnenuhren rückten vor
stumm und stummer noch un-
stet ins dunkel deiner stunden

für augenblicke einst
warst du meine ewigkeit

flüstere fortan deinen namen
rückwärts rauhe töne nichts
ein trugbild: augen hinter grund

ein luftzug du des nachts
mir halbschlaffragment
sonnenflecken darüber rot
ein tänzelndes ahornblatt

land.leben
4 haikus

I
frühjahr
die morgennebel
tragen schwer an den farben
des knospenden lichts

II
sommer
heu wirbelt im wind
abende ohne horizont
die kraft geht nie aus

III
herbst
sitzen im raureif
buntherbe kälte atmen
die verlässlich wärmt

IV
winter
mit den eisblumen
stumm von wiederkehr träumen
erinnerungssatt

ausgestanden

ausgestanden
ist nichts
in die quere kommt
das kurze glück
etwas
an das man sich
halten könnte

hände
vors gesicht
auch
hinter den kopf

wo der abend
über sich hinauswächst
der windstille
dem nebel zu

an ein kind
6 haikus

I
ein hauch von abendwind
aufschub: ein letzter spalt licht
zu früh wird es nacht

II
vergessen die zeit
die gedanken verloren
im augenblick - jetzt

III
mutters hand ist sanft
vaters stimme tief sie liest
geschichten zur nacht

IV
wie lang dauert schlaf?
flüstert das gesicht aus glas
kurz, mein kind, so kurz

V
wie ein auszählreim
eine runde ringelreihn
im schneekugelsturm

VI
mondlicht sichelgelb
durch das haus den traum streift glück
augenliderschwer

verloren dahinter

ansteckend
der gleichfluss des stromes
durch die steinerne stadt

beinahe unempfindlich
wie einst
gegen die gedanken
an das leben
den tod
die töne
dazwischen

vorschnell
nistet die dämmerung
in den verwitterten läden
verbannter tage

reflexionen
uneinsichtiges aufbäumen
von licht und wolken
auf staubbesetzter scheibe
und ein sprung
das auge irritierend

verloren dahinter:
die blüten aus schnee

idylle

rauchsäulen
über den dächern
glanzloses laub

der unvermutet
hochschnellende flug des raben
den nachtgeschwärzten himmel
in gleiche hälften teilend

später
ein verirrter glockenschlag
gegen die behäbigkeit
des eisenden baches

nackte dornen
stacheldraht
umgestülptes land

wo der herbst
die kälte erfindet
und die harte luft

sich zu wehren
gegen die rastlosigkeit
der menschen

umliegend gehöfte
verlassen beizeiten
mit geknickten balken
und türen klinkenlos

die fenster ohne glas
schattengefleckt
gegen mittag

steil ansteigende
steiler abfallende wege
holprig von steinen
im winter vom frost

~ ~ ~

nachruf.hall

das gezähmte herz
setzt aus erlischt

es trägt mich noch
sein letzter ton

~ ~ ~

nicht mir

abschied in 5 haikus

I

nicht klang nur echo noch
von dauer nicht: dein lachen
hallt hell mir durchs herz

II

du hast so ist es
uns fremdheit erschwiegen mir
nichts gesagt nicht mir

III

regen allerorts
es war spät du gingst über land
regen immerzu

IV

nachtschatten so blau
zeitschwer streut der sternenstrom
triangelklänge

V

augen hinter grund
die herbstwinde blättern ab
unser weg endet

handgeschöpft

stirn an stirn uns trennt
kein silberfaden licht

ein haarnetz die takte der nacht
frost auf birkenrinde fährten bach

leise knirschen schritte im kies
richtung tagtraum richtung schlaf

ins falsett fällt der wind herbst-
regen in bälde blauer schnee

zwei horizonte spiegeln sich
widerhakend puls an puls

die mondsüchtigen augen erben
erinnerungen: handgeschöpft

distelbilder das lager im laub
nasses haar schneegischt im gesicht

aus einem stillen totenstillen sturm
gemurmel und gesang ahornhell

es war winter
in ontario

spurensuche
eine akribie, siebensilbig

beginnen. vom ende her. / ich bin nicht fort.
war nie da. / hab' mir mich nicht ausgesucht. /
im innenhof steht mein rad. / dürftiger gegen-
beweis. / ich bin nicht der, den man braucht. /
will sein wie nie gewesen. / gesicht ohne ge-
schichte. / keine sehnsucht, kein geschick. / ein
raum, rund, ohne wände. / untauglich fürs
große glück. / der weg vergeht im stehen. / bin
zum sterben geboren. / jederzeit kann es aus
sein. / höhenflug in den abgrund. / schäbige zu-
kunft. einzahl. / bloß gedacht. flach. unfertig. /
die qual der leeren zeilen. / ich führe den stift
zum mund. / freigang im kopf, ungenützt. / die
möglichkeit, immerhin. / in mir singt es. kantig.
keck. / aus mir lacht die traurigkeit. / blaublü-
tenumrankt. echolos. / dieses zittern der stim-
me. / ein räuspern, ein raunen, nichts. / jeder
atmet nur für sich. / gebettet gegen den
schmerz. / der seerosenteich wächst zu. / indes
wandern die dünen. / andernorts und andern-
tags. / treibeis. lebenslinien. / spuren, kreuz
und quer. fäden. / hart falle ich aus dem takt. /
den aufgebahrten stunden. / jung abgetauchten
tagen. / den gestapelten jahren. / fußnoten-
vergänglichkeit. / die zeit zuckt. sie duckt sich
weg. / ein halbes herz hat heimweh. /

einmal noch schauen wollen. / dieser beschlagene blick. / über den weltenrand hinaus. / sternenbilder, unbekannt. / ein streifen schwarz, ein klecks gelb. / der pupillenweite schmerz. / der trauerrand aus tränen. / ausschauen nach den schatten. / den schleiern aus luft, land, licht. / rauch, zögerlich. schimmer, fahl. / von westen riecht man regen. / ein weißer wolkenball wächst. / die tropfen kräuseln den kies. / wasser an schnüren. geschenkt. / sommerweizen. winterkorn. / erst dies. dann das. einerlei. / im wind sich wiegende last. / das gras ist dürr geworden. / farben flackern. erlöschen. / rühren mich. rührt mich nicht an. / herbst: knorriges wurzelwerk. / ein wilder blätterwirbel. / schnee wird fallen. bleiben nicht.

~ ~ ~

dünnhäutig

I

der horizont ist nah herangerückt. dunkler
herbsthimmel. dunkler landstrich im dämmer-
licht. dazwischen ein ahnungsheller streifen:
erster schnee. vielleicht. in der ferne brennt ein
bahndamm. rasch erstickt das glosende feuer
im glutlosen rauch.

II

anhoch, das tal: da liegt es. leer und ausge-
zehrt. frei von menschenhand. verlassen. alle
fort, beizeiten. abgeholt das vieh. vor dem ers-
ten, dem letzten stummen angelus. alles alte
korn verbraucht. dahin das neue, ungesäte
gnadenbrot.

III

dünnhäutig ist der wind in diesen tagen. trot-
zig und stur. silberdisteln verstellen ihm den
weg. sie zerkratzen ihm die haut. bleiben
standhaft wie der morgennebel, unberührt. zur
stunde der schnitter und holzfäller schließt der
letzte am hof die fiebrigen augen. er öffnet sie
nicht wieder. schweigen. kein groll. keines
menschen feind. ein anderes leben gab es nicht.

IV

wo beginnen, wie enden? wie die dunkelheit
um sekunden betrügen, wie das leben um
jahre? er besteht nicht länger auf anwesenheit.
ist nur noch ein tagmüder name. rückzug. die
müdigkeit schmerzt. der schmerz wandert,
schwerelos. sie halten einander wach. erste eis-
blumen blühen im halbblinden fenster. sie su-
chen seine heiße stirn, fassen nach nassem haar.
wer stimmte den weltenklang, die einstmals
gläserne stille so falsch? die luft so schwärend
kalt? der horizont: ein vorhang, der nicht fällt.

V

aus der zukunft wachsen nicht länger erinne-
rungen. letztes geläute für die gegenwart.
glitzerfrostverhangen bis mittag, blau und ab-
gewandt, stehen scheune, brunnen, zaun und
raine. ackersteine, aufgetürmt. dicht an dicht,
sommerfern. der bach gefriert. nackte dornen
wachsen. wuchern wild. fleckig grau: winter-
harte weiden, wurzelwund. wie erdacht und
wieder verworfen. verwischt. ein epilog. eine
radierung. ungerahmt.

der nachttrinker

12 haikus für g.

I

er kommt als erster
pünktlich den gezeiten gleich
fällt er aus dem tag

II

der nachttrinker schweigt
scherenschnitt und schattenriss
die stirnnarbe pocht

III

vertane jahre
kein sein nur fadenschein nichts
das fallen der sturz

IV

hunger nach leben
war einmal und ist nur mehr
durst immerzu durst

V

er schmilzt in den schmerz
die zeit zuckt er trinkt sie fort
eines noch noch eins

VI

hoch ist die zeche
sein blick leer die kehle tief
er geht als letzter

VII
weiß nicht wie und wann
kennt kein was warum wohin
in ihm fragt es nicht

VIII
schief im wind stehend
holt er aus zum gegenschlag:
kein zweites leben

IX
das gehen fällt leicht
am nachthimmel sichelt bleich
der mond den weg frei

X
pfade ohne ziel
über den weltenrand hinaus
kein puls kein bild: hohn

XI
der nachttrinker wankt
er nicht er : spiegelverkehrt
fremder mann im schnee

XII
es erinnern noch
am haken hut und mantel
abgewetzt im saum

vielleicht

vielleicht
im halben herbst

an land gestiegen
nach langer flussfahrt
den wind noch im haar
in den händen so kühl
die runden kiesel vom grund

wilder wein und möwen
im dunklen forst der frost
letztes blau im ersten schnee
ein wunderwerk die luft
das land und dein gesicht

vielleicht
im kargen winter

alles leben unsichtbar
wie es steigt im sturm
wie es fällt auch
zum erliegen kommt
beizeiten geknickt

das vorrücken
einer strähne sie knistert
träge wie blasses licht
über stirn und wange dir
beharrlich diese heimlichkeit
niemals und nirgend ein wo

vielleicht
jetzt vielleicht später

deine schritte bald
nah und näher noch
ich würde sie zählen
ihren takt und die dauer

zwei schatten wie einer
von der sonne gemeißelt
und bewährt in der zeit
beständig das flüstern
der gerüche und stimmen

vielleicht
vielleicht nie

ein laut von dir gehaucht
ein einziges wort es gilt:
glück

vermutung

abend
abbruchsreif

kahlschlag
über den hügeln

verbrannte stunden
zerstampft und verscharrt

ein anflug
von leben
beim gedanken daran

unkenntlich
und bloße vermutung

etwas
das anhält
eine weile

wie die blätterwirbel
der herbst im hof
oder dein lachen
aus sicherer entfernung

entlaubung

nachsommer
auf fahlem laub
in stehenden gewässern
schattengeädert
und maßnehmend

vereinzelt
eine sanfte woge
über dem spiegelbild
als hätten sich
wind und bewegung
in die zweige verirrt

manchmal

manchmal
lässt du dich finden
in getrockneten blüten
zwischen den seiten
im atemlosen flackern einer flamme
am grunde des halbgeleerten glases
eine blasse spur an der nebelgrenze

ich muss dich teilen
mit der nacht
und der niedrige himmel
hält uns klein

manchmal
bist du für mich
wie steinwürfe in klares wasser
der herbe duft von licht und holz
eine ähnlichkeit im vorübergehen

dein haar im sommer
streng nach hinten gekämmt
ist festgefroren im ersten frost

manchmal
bleibst du mir
sehnsucht in erfrorenen augen
ein selbstgespräch nach mitternacht
der nachhall meiner heiseren stimme

geh nicht fort
aus den tagen am meer

eines tages

eines tages
einmal wieder
ganz kind sein

schaukelnd
mit den zehenspitzen
die sonne berühren
und wasserblüten pflücken
aus dem springbrunnen
im park

warten
und warten
wie es nur kinder können
mit augen
die wissen wollen
das gesicht
vom regen nasss
stirn nase mund
an beschlagenden fenstern

einmal wieder
eines tages
ganz kind sein
und erwachsen werden
wenn es gelingt
ohne fremde hilfe
die schuhe zu schnüren

gedanken.fluss

wann verheilen
die wassernarben

wer zieht die steine
zur rechenschaft

eisblumen.blindheit

windbruch
in den wäldern

nicht wissen
was soll werden

tageszeit:
nacht

und die fenster
knacken unterm eis
glänzen milchig matt
und erblinden

ich spüre dich noch
auf meinen lippen
hinter der stirn

trage dich noch
hinter meinen lidern
unter der haut

und eh du gingst
sprach ich vom leben
tatsächlich von liebe

sprach leise
und lächelte
lachte
ins leere

vergessen

du zögerst

nicht vor
noch zurück
blind der blick

und oft gesehenes
blieb unerkannt
oft benanntes
ungenannt

festgehaltenes verkam
im fremden arm
und nahm
mit sich die zeit
die einstmals
unbemessen
im nu zerrann

- vergessen

heimweg

am anderen ufer
vorbei an brücken
unter welchen
die nacht nicht friert
und keiner lange bleibt

erst viel später
die vertrautheit
von wasser vermissen
das lange zeit
denselben weg floss

hände

hände zwei
links und rechts
gerade fläche finger faust
papierschlägtsteinschlägtschereschlägtpapier
die zeit tot

land.einwärts

wenn sich bodennah
die dichte der sätze
gläsern glimmend
in den morgen krallt

kehren wir wieder
ein eisiges rinnsal
aus versiegenden
momenten und bildern

verhört
und für zu leicht befunden
vor dem überhasteten aufbruch

der abgeschiedenheit
verwiesen

landeinwärts
am wegrand:
worte in windungen
tote tauben
dürrer staub

fremdheit

einüben
- stolpernd
hinter dir her -
vorübergehendes schweigen

durchdrungen
von der vorsicht
dich nicht zu erschrecken
in deiner ausgelassenheit
mit hastig aufgebotener melancholie
ablesbar in den tiefen der stirn

verbergen
- aufgerückt
auf gleiche höhe -
unter einem kalten himmel
in der festgefassten hand
dass manches klang
wie ein zu oft gespieltes lied

der einsetzende regen
spült den rauch
aus der kleidung
das gerede
und gelächter auch

die fremdheit zwischen uns
lässt auf sich warten

spaziergang, nächtlich

tappende halbschritte
der blindheit begegnet
hinterrücks die nacht ohne mitte
das haar strähnig geregnet

der erdachte aufschrei
schnellt hoch zerschellt ungehört
hallt nach und vorbei
dahinter stille - unversehrt

die straßen bleiben noch
als hätten sie kraft zur gegenwehr
als gälten licht und dunkel doch
eine weile leer

begegnung

einer
deine sprache
sprechend

nichts
das zu sagen
wert wäre

verwandlung

unter windstößen
die verwilderung
verwüsteter gärten

später
der himmel
ein tiefblauer abgrund

ein lichternetz
gewoben gegen
die mitte des tages

helligkeit
die wehrlos macht

dahinter
eine offene rechnung
verhaltene jahre
vertane jahre

der sturz
in die gewöhnlichkeit
hineingestoßen
und beinahe
geborgen in ihr

über.blick

märz
mittlerweile

und die gedichte liegen
als wunde skizzen
dichtgedrängt

als könnte eines
gegen das andere
aussagen

schweigen
zensurierte das gerede
und häutungen
verloren an schrecken

wie der tod
den wir einander
zudachten

nichts
ändert sich

nichts
bleibt

sonnensonaten
applikationen
im blitzenden licht

ein ruck
durch die wälder
im morgentau

gelassen zusehen
kann ich noch
den wasserrändern
auf dem tisch
dem siebten leben
einer angeschossenen katze

darüber
wird es spät
hinter mir

beschwerlicher

und ich horche hinein
in die ausschreitungen
des aufziehenden regens

märz
noch immer

kurze beschreibung

brachland
trauerzug
dunkle korridore
selbstgespräch

an den stätten
der ergriffenheit
in falten
die stirn

dahinter
vorweggenommen
das aufstehen
umhergehen
und bleiben

mit verstellter stimme
eine handbewegung
wie ein schnitt
durch die luft

gesichter töne
aus dem nichts
die melancholie
der letzten tage

selten schlüssig
eine spielerei
mit umrissen
vielleicht

nachgedanke
unbeholfenheit
ergraute stunden
 - eigenzeit

~ ~ ~

selbst.findung

die suche wurde
bei einbruch
der dunkelheit
ergebnislos
abgebrochen

~ ~ ~

gehen.bleiben

tunneltöne
schrägschatten
schlaglichter

der tagesanbruch
übertrieben gespenstisch
geschminkt

abgehört
zwischen uns
das selbstverschuldete glück
die vertreibung der fremdheit
aus kalten handflächen

gehen
oder bleiben
aufrecht
oder gebeugt

bis das leben abfällt
sich unterwirft
papierener abreißbarkeit
über dem schreibtisch

bisweilen schon am abend
und für wochen im voraus

nach/t/gebet

abende wie silber
münzen auf den augen
ein spiel: narben vom leben
ziellose spuren alters klamm

ein letzter ton kehllaut tief
traurig angelandet tropft trüb-
eis von den traufen über kopf
rinnt spät und zag ein schimmer

fluchtpunkt: licht blauer aufbruch
ein ferner hauch der horizont
dahinter in bälde ist morgen
wieder ein tag

flugsand

entglitten
den händen
und herzen

eine rose
und spätherbst
mit flugsand
im haar

erinnerung:
liebe

licht.punkt

zuletzt die welt
zu guter letzt
so weiß und weit

die entfernungen schmelzen
grell der glühfaden er riss
dunkelt ab das augenlicht

flecken in der erinnerung
stumm steht das metronom
flicken an unseren wörtern
die freie fallhöhe nimmt zu

zu spät verschloss ich fest
die tore hinter dir zerbrach
zu bald den silbernen schlüssel

einsamkeit ist. sie bleibt mir
freund so heimlich wie ein fluss
tief unter tag ein schmerz

frei.brief

weiße blätter unbeschrieben frage nicht
bedeckend sommers liebe eine seidenschnur
auf schwarzes wasser steinschlag ascheweiss
fällt nacht schatten die lichter frieren fest

südsehnsüchtig stehn wir winters silbenlos
zwei namen bleich zwei blaupausen blank
stolpern spät gedankenschwer gen norden

schweig still nur jetzt kein letzter laut zag da
die paraphe noch da mit dünner tinte schwarz

raben kommen raben fliegen fragen nicht

fall.strick

zerdehnter klang einer saga
wehklagen wolfsgeheul so hell
als sängen weithin alle sägen

darüber dein einziger himmel
so hager vom hunger zerwölbt aus-
gehöhlt vom brackwasser hoffnung

schlagschattenreste blaue gedanken
luftig und lose ein ginstergrüner sog
es wandern die worte wie dünen

litaneien dichtung unwahrheit
mein licht mein lied mein schweigen
lebens rückstand todesvorsprung

eine hand stößt ins bild leicht-
sinn fährt dir durch hirn oder herz
regen in fontänen ein fallstrick

fort.hin.fort
perpetuum immobile

ich schreibe: *ich schrieb*
wörter in streifen fern & weh
fort.hin.fort & für.der.hin
schneide ich schnitt
um schnitt schaffe schrund

nachtfahrten landlos. sturm
setzte ein. brüllende nässe
verklebend lider bilder seiten
wahllos silben dünnes haar

bäume ganze wälder lichtlos
hell von blitzen schwarzgenarbt
aller augen.hinter.grund karg
und kulisse stille in die man atem
schickte später zage stimmen

etwas zu beweisen rezitativ leicht
geschwätzige sehnsucht ein gedicht
ganz ohne himmel offen mono-
chrom nach oben allen seiten

ich schneide: *ich schnitt*
streifen zu wörtern weh & fern
für.der.hin & fort.hin.fort
schreibe ich schrieb
um schrieb schaffe schund

sturmfahrten landlos. nacht
setzte ein. nasses gebrüll ---

ausklang

ein letztes mal
und unerwartet
die sichtbarkeit
des fortgespülten lichts

zur vorbereitung
der dämmerung
die heranwächst
wo eben noch
schatten und luft
zerbrechliche umrisse zogen

wo der wind
über schrägdächer
stolpert hörbar
die straßen hinunter

wo geräumte häuser
glänzen in ihrer leblosigkeit
unverrrückbar
gegen die nacht

wo später notizen
sich wortwund fügen
allmählich zusammenfügen

ohne komma
ohne punkt

nachrichten
vom überleben

gegen.beweis

das vermächtnis
des sturms
geknickte halme
zersplitterte äste

der abgebrochenen horizont
risse im feuchten mauerwerk

zeitlos
die fortdauer der nacht
den halbschlaf
durchziehende fieberträume
in flimmernder gläsrigkeit

das vereiste schweigen
an der oberfläche
scharfe schnabelhiebe
flügelschläge
gegen die lider

das rauschen
das hämmern
des blutes
dahinter

aufgespürt
und gestellt
von einer hand
die nicht müde wird
sich auszustrecken
nach sich selbst

sich aufmachen
davonkommen
namenlos
und unerkannt

asche zu asche
staub zu staub

ˋ die austauschbarkeit
des lebens gegen den tod
die zunehmende verwechslung

~ ~ ~

ungefragt
haiku

wind weht ungefragt
das niemals verneinte „ja"
wortlos fort: wertlos

~ ~ ~

im nachhinein

kalligraphie der schatten
an häuserfronten im frost

saxophonklänge winden sich
sentimental und verzerrt
aus einer untergrundstation

gespräche mit dem wind
gegen den sturm

die gedanken
ein gesicht ohne augen
hände in eisigem wasser

gegen türen schlagen
sie aus den angeln kippen

abgewandt
mit ausgestrecktem arm
die vertreibung der zeit

die schwere des ganges
die tiefe der spur

schweigen
die vertonung der stille
ihr nachhall und klang

die subjektive möglichkeit
- der irrtum

winter.märchen

dass er
vorübergeht
sich zurückzieht

von den feldern
aus den leerzeilen
vom unbedeckten kopf
aus dem umland

überland.pfad

auf den feldern
stoppelbärtig stehen sie
seit dem letzten herbst
zwischen den furchen
metallene masten
stromführende strünke
wie hängebrücken
funkensprühend
von himmel zu himmel

das frühjahr geht in lumpen
die farben trocknen so schlecht
fadenscheinig stolpert es daher
abgerissen immerzu
einen schritt zu spät zu kurz

die rückkehr der vögel
ist behördlich nicht genehmigt
heimlich tropfen sie
von den dächern

in der ferne
stämmig und stumm
blüht der farn

ein angegrauter seitenwind
- schattenshaolin -
er tänzelt
drängt uns unwirsch
von der straße

ein blaugeschwärztes wolkenband
bildausschnitt: abbruchsgebiet
und nicht ferne davon
ein wälderwall
er fault und fällt
aus den jahresringen im holz

dann
wie aus dem nichts
ein pfad

wieder
und wieder erwacht
die wächserne erde
die verwachsende spur
uneins noch dann einig
später eins

~ ~ ~

haiku 14

seite für seite
leichte beute untergang
wörter mein leben

en passant

im treibsand
der pupillen
im viadukt
der gedanken
versickern die bilder

schräg wankt
das schilf im wind
schlingernde schaluppen
knirschende barken
klopfzeichen am bug

en passant
schnitzt der winter
einen birkenen pflock
für das übervolle herz
des reifen sommers

schluss.wort

uferwege
eisüberflutet

der damm
ist geborsten

man sieht nicht länger
auf den grund

die fische treiben tief
das schlusswort
ist ihnen nicht zu nehmen

wild.wechsel

mit mir: du
mit dir: ich

fremd
verschulden
auszuschließen

morgen
andernorts

fremd

deine augen

nachdunkelnd
im frühlicht

nach.sommer

vom feldrand her
wuchtet sich kalt
der wind
in die augen

dornige berührungen
über den arm hinweg
die hand hinauf

geborgte bücher
werden brüchig
in ihrem geruch
nach rauch und menschen

es ist die unstetheit
der kargen momente
ihr münden
ins schwärend ungewisse

ist die zeit
der ersten kohlenfeuer
der kraftlosen schatten
im geröll

auf halbmast
die lichter der großstadt
reglose eile
ratlose unrast

von innen wächst
verkrüppelt die trauer
der blick
für das knarren
der äste

vergiss
was du sahst
was du warst

vom denken entworfen
von gedanken entstellt

wie weit
es ist
nicht weit

dort
dorthin
dort hinaus
und hinab

stillhalten
stellenweise
und grinsen
zur gegenwehr

du bist nicht mehr
und weißt es nicht

nacht.lied

nie
ganz bei mir
getrieben
selbst noch im schlaf

erwachend
ahnungslos
in so vielem

post skriptum

sätze
aus dem kopf schälen
ein gedicht entwerfen

während
ich meine gedanken umkleide
um gleich wieder zu gehen

vielleicht
nur eine notiz
damit später weiß

irgendwann
muss ich da gewesen sein

„Gedichte geben keine Antworten. Sie irritieren. Rühren auf subtile Weise an Erfahrungen und Erinnerungen, vermitteln uns eine Ahnung. Doch nur selten stellen sie die richtigen Fragen. Gedichte sind ein Ärgernis. Nähert man sich ihnen, entziehen sie sich fintenreich.

So viel darin auch formal wie inhaltlich zur Sprache kommt: Es bleibt wiederholt halbfertig und stets unentschieden. Dass man sich den Text, eine Passage daraus ein weiteres Mal vornehmen muss. Weil man es möchte."

Über den Autor

Martin Tockner
Lebt in Linz/OÖ, schreibt Lyrik, Prosa und Laufsportkolumnen satirischer wie statistischer Art

Diverse Literaturpreise – u.a. Georg Trakl Förderpreis für Lyrik; Preisträger beim Christine Busta-Lyrik-Wettbewerb des ÖSV – Österreichischer Schriftstellerverband

Zahlreiche Veröffentlichungen in Anthologien – u.a. Forum Land - Literatur aus Österreich / SALZ / WORTWERK / podium / DUM / Morgenschtean / Bibliothek des deutschsprachigen Gedichts

Weitere Buchpublikation:
Schlussläufer – Gesammelte Satiren, 2020 - BoD

www.tockner.at   ~ ~ ~   www.schlussläufer.at

Inhalt

nach.wort

ENDE